나는 그렇게
계절의 품에 다시 안긴다

나는 그렇게 다시 계절의 품에 안긴다

초판 1쇄 발행 2025년 4월 23일

지은이 양일동
펴낸이 장길수
펴낸곳 지식과감성#
출판등록 제2012-000081호

교정 이주연
디자인 강샛별
편집 강샛별
검수 주경민, 이현
마케팅 김윤길

주소 서울시 금천구 벚꽃로298 대륭포스트타워6차 1212호
전화 070-4651-3730~4
팩스 070-4325-7006
이메일 ksbookup@naver.com
홈페이지 www.knsbookup.com

ISBN 979-11-392-2528-0(03810)
값 12,000원

• 이 책의 판권은 지은이에게 있습니다.
• 이 책 내용의 전부 또는 일부를 재사용하려면 반드시 지은이의 서면 동의를 받아야 합니다.
• 잘못된 책은 구입하신 곳에서 바꾸어 드립니다.

지식과감성#
홈페이지 바로가기!

나는 그렇게 다시 계절의 품에 안긴다

양일동 시집

프롤로그

한 시절, 바람이 지나간 자리마다
눈물처럼 피어난 이름 없는 꽃들

사랑은 손끝에서 부서지고
가난한 기억들은 한 줌의 빛으로 떠돌다
마침내 시가 되어 내 안의 침묵을 두드린다

누군가는 희망을 베어내고
누군가는 침묵 속에서 스러지지만

그 잃어버린 목소리들을 그러모아
시의 불씨를 지핀다

프롤로그　　　　　　　　　　　5

1부
가난은 왜 사랑이 되는가

에필로그. 감귤　　　　　　　　14
숨비소리　　　　　　　　　　15
가난은 왜 사랑이 되는가　　　16
아방가르드 여인　　　　　　　18
청춘의 비망록　　　　　　　　20
시와 시간의 늪　　　　　　　21
바람벽 하나 고요하게 머물던 날　22
오월에 피는 별　　　　　　　24
별도 오지 않던 밤　　　　　　26
나의 아버지　　　　　　　　　27
슈뢰딩거의 사랑 방정식　　　30
해변을 태운 그 시절　　　　　32
열꽃을 머금다　　　　　　　　34

겨울 숲	36
풍경 한 조각을 마시멜로에 그리다	38
고요한 사랑의 날개	40

2부
별은 숲이 되고, 너는 그리움이 되어

레온나이트를 따라 걷다	44
어느 겨울, 풍경 소리 내리는	45
나를 기다리는 시간	46
피레네 성의 이방인	47
가을이 내려앉는	48
겨울이 감기처럼 찾아왔다	50
그대, 나비잠 속에서 잠이 들면	52
소독차가 내어달리면	54
서툰 운명을 안기다	56
꽃망울의 그림자	57
음계 잃은 카르마	58
꽃잎 하나	59
기다림을 줍는 사람들	60
빈집 창틀에 걸려	62
야윈 그리움은 새벽처럼 달려오다	64
별은 숲이 되고, 너는 그리움이 되어	66

3부
그대의 봄날은 자국을 남긴다

그대의 봄날은 자국을 남긴다	70
사려니숲길 아래서	72
프랙탈의 방	74
길들여진 속도, 잃어버린 시간	76
빨간 나무의 기다림	80
갈대는 상처를 기억한다	82
우리 행님의 전화벨이 울리면	84
우리 시간의 사분점	86
봄의 꿈	87
하얀 발자국을 따라서	88
삼천포시 사등동 30번지	90
밤, 별을 잃다	92
먼 훗날	94
어둠보다 짙은 여백	96
거두어들이지 않은 것에 대해	98
빙점(氷點)	101
몽환의 그늘	102

4부
네가 사라진 자리엔 바람만 남았다

종이달 사랑	106
낙선재(樂善齋)	108
환상	110
그리움 깃든 낡아진 숨을 내쉬며	112
보통날	113
그리운 추억 하나를 흩뜨리면	114
꽃노을 붉게 닿던 그 자리에서	115
너를 닮아	116
우호적 무관심	118
유화를 그리며	120
물바람	122
별이 되어	124
파랑을 닮은	126
네가 사라진 자리엔 바람만 남았다	128
오늘은 어제보다 내일에 남아	130
꽃의 그리움이 시가 되어	132

에필로그 134
끌림, 어딘가에 있을 희망에게

해설 136
시적 사유로 직조한 변증법적 초상:
존재의 결을 따라 흐르는 언어와 현실의 미학

1부

가난은 왜
사랑이 되는가

에필로그. 감귤

겨울이 굴러 떨어진다

차갑게 식어가는 너는 여전히 제자리를 맴도는 저녁이다 짙어져 간 눈동자의 이슬이 시큼하게 자라는 동안 너는 주황빛 껍질 사이로 하얀 주름을 내비친다 조심스레 껍질을 깐다 계절의 알맹이를 한 입 베어 물면 긴소매를 입은 눈꽃들이 허름한 눈빛으로 연신 울어댄다 그제야 나는 한동안 도량에 앉아 오도(悟道)를 찾는 동자승처럼 촘촘한 그물 속에서 그날의 꿈을 꺼내어 본다

파란(波瀾)을 삼키고 피어난 고요가 낯설지 않은 밤
나는 그렇게 다시 계절의 품에 안긴다

숨비소리

파랑(波浪)을 파고드는 서녘이 손끝으로 떨려온다

까슬까슬한 물결이 곰살궂게 몰아친다 굽어드는 물질에 배어드는 숨소리를 지그시 바라보면 단말마의 거친 숨은 물방울에 헐거워지고 둔탁한 물갈퀴가 흉터처럼 오늘을 뒤집어쓴 채 허공으로 사라진다 메마른 입술이 피워낸 바람에 동그란 비명들이 선잠을 깨고 비밀스런 혼잣말을 가둔다

뭉근한 입김이 다다를 수 없는 늙은 어미의 한숨 사이
물적삼 에이는 오후로 다비되어 가는 제주

가난은 왜 사랑이 되는가

한 달에 단 한 번, 살다 보면 누구에게나 소풍처럼 가슴 뛰는 날이 있다.
부모님의 부재 속에서도 우리 누이들, 행님 그리고 나는 삼천포 바다에 몰아치는 파도를 가르며 서로에게 기대어 살아갔다. 바다의 거친 품 안에서 자유를 배웠고, 끝없는 수평선 너머로 희망을 품은 어린 날의 숨결을 느꼈다.
"행님아, 오늘도 엄마 아빠가 안 오나? 몇 날만 자면 오는데?" 매일 밤, 어린 마음은 같은 질문을 품고 행님의 얼굴을 바라보았다. 그러나 돌아오는 건 언제나 무거운 침묵과 다독이는 손길뿐. 결국 대답 없는 기다림에 지쳐 작은 숨소리로 잠들곤 했다. 그러다 아침에 눈을 뜨면 초췌한 엄마 아빠의 모습이 꿈처럼 아른거리곤 했다. "행님아, 명숙이 누나야, 나와봐라. 엄마 아빠 오셨다." 기쁨에 찬 외침이 울려 퍼질 때면 내 마음도 새처럼 가벼웠다. 그날, 부모님은 우리를 동네 갈빗집으로 데려갔다. "우리는 묵고 왔다. 애들 주게 2인분만 주이소." 설익은 고기를 집어 들고 입에 넣으며 나는 한껏 신이 나 있었다. 그러다 문득 엄마 아빠와 눈이 마주쳤다. "천천히 많이 묵어라." 엄마의 목소리와 턱없이 부족해 보이는 갈비의 양 그리고 맞지 않는 젓가락들의 움직임. 이내 아무것도 드시지 않고 있던 부모님의 모습이 눈에 들어왔다. "사장님, 물 한 잔 더 주이소." 가만히 앉아 물만 드시던 부모님. 내 앞에 놓인 갈비의 무게는 가난이 깎아낸 엄마의 굶주린 하루와 조용히 삼킨 아빠의 한숨이었다는 것을. 그땐 알지 못했다. 그 시절 무심히 지나쳤던 풍경이 이제야 내 마음을 무겁게 두드리고 눈시울을 붉게 물들이는 것은 아마도 까맣게 타버린 갈비 한 점의 맛처럼
가난은 누군가의 가슴속에서 조용히 타오르는 사랑이었다는 것을.

아방가르드 여인

풍문은 으깨진 풍경들을 끼얹어 암전된 날들로 남아있다 파절(破節)된 계절은 하얗게 쏟아지고 낡은 문고리에 스치는 바람은 시인의 아내로 문명되어 간다

통증으로 뭉개져 가는 낮과 밤, 남은 적막이 뾰족한 어둠을 두드리고 다락방의 소녀는 늙지 않는 그와 함께 악착같이 시들어 갈 뿐이다 달을 쪼인 강변을 따라 출렁이는 발자욱이 죄 많은 몸짓으로 무너져 내리면 그는 내 곁으로 와 눕고 나는 아방가르드한 여인이 된다 얼룩진 시간들이 헐거워진 마음의 피안(彼岸)에 오래도록 머문다

희끗해진 마음까지 삼켜버린 가을밤, 탄력 잃은 별이 지독한 통증으로 가득한, 보잘것없는 밤을 속삭인다 막다른 골목에서 흔들리며 가늘게 낡아가는 오목한 새벽은 무참히도 아름답다

비쩍 마른 가지의 새처럼 울어대다 지쳐 잠이 드는

청춘의 비망록

한 시절의 꽃처럼 낡아가는 밤

누릇한 꽃잎이 떨어진다 캄캄한 방 안에서 새어 나오는 불빛은 무언가를 기다리다 쓰러지고 별빛 쫓아 찾아간 시절에는 눈부신 이력들만이 갈 곳 잃어 서성인다 앙상한 바람은 짓무른 열매를 게워내고 계절에 얼어붙은 낙오자는 풍경이 되어 무서운 비명을 쏟아낸다 구부정한 외투가 갈 곳을 잃고 다시 잠이 든다

차가운 새벽달이 아침을 집어 든 순간
나는 열매 없는 낯선 청춘이 되어간다
떨어진 꽃잎을 주워 담으며

시와 시간의 늪

낯빛에 그을린 시간을 따라 세월을 걷는다

빛을 잃은 나는 시차 없는 새장을 상상한다 문밖에 다다른 아침은 이슬에 그림자를 새기고 선명한 은총을 쓰다듬는다 스치는 검은 꽃잎들은 깊은 밤이 되고 이름 모를 한숨은 담벼락에 기대어 여우비처럼 서서히 물들어 간다 하늘에 아로새긴 문장들은 좀처럼 쉽게 물러서지 않는다 눈물은 한결같아 나는 시차가 다른 새장 안에서 아득한 밤을 배회한다

온갖 비밀들이 흔적 없이 갇힌
시와 시간의 늪 속에서

바람벽 하나 고요하게 머물던 날

차디찬 옹골방에 고즈넉이 내려앉은 별빛은
느리게만 흘러가는 오늘로 발걸음을 옮긴다

짙은 새벽의 감촉을
절룩이는 우유 한 잔으로 씻어내고
아득한 불빛을 향해 달음박질하던 침묵은

아침을 기다리는 백합들과
생계에 질려 수척해진 빗소리를 품고
성마른 계절의 그늘에서 꿈처럼 잠이 든다

주린 배를 채워 줄 미소가
오남매의 채울 수 없는 허기짐을 다녀오는 밤

적막을 깨우는 갈증들이
나의 밤에 내려와 저물다 간다

바람벽 하나 고요하게 머물던 날
내 눈에 맺힌 서러운 눈물
생애 첫 울음이었다

오월에 피는 별

차오르는 숨결이 내 얼굴을 감싸올 때
토해낼 수 없는 고요가 잠시나마 반짝거린다

견고한 계엄의 하늘로부터 쏟아지는
차갑고 날 선 눈보라는
바람에 새겨 놓은 시간마저 찢어내고

한 조각 붉은 연대의 비명만이
흩뿌리는 광장의 깃발 사이로
별꽃이 되어 작약(炸藥)의 심장에 스며든다

눈조차 뜰 수 없이 휘갈기던 검은 막대와
널브러진 장미 꽃잎의 악몽들은
음계가 되어 노래 아닌 노래를 부른다

온기를 나눈 주먹도, 조금 더 축축해진 꽃도
은은한 밤하늘을 머금은 여우별이 되어
한밤중에도 되려 단단해지는 낮을 깨운다

별도 오지 않던 밤

새벽빛 이슬 품은 민들레가 강물에 쓸리우다 계절을 노래한다 가을 옷깃을 세운 낙엽들이 소롯이 여물다 가지 끝에 한기(寒氣)를 걸어 두면 진눈깨비들은 세월을 닮아 서산으로 돌아선다 갈대의 눈물이 먼지로 날리우다 한 숟갈의 가난을 자줏빛 초롱꽃에 여미운다 토방 툇마루에 까치걸음으로 달아나는 거미가 쑥부쟁이 사이로 숨어들고 부뚜막에 놓인 노란 꽃잎은 허기진 입안을 달그락거리다 시간을 깁던 어머니 품에 안긴다 우물을 출렁이며 별을 긷던 밤의 하모니카는 사립문을 걸어 잠그고 산비탈로 분주히 내달린다 자박자박 달빛 떠나는 땅거미 소리, 움푹 패인 슬픔이 여울을 머금고 초록 별을 세인다

별도 오지 않던 밤
새까만 진눈깨비가 앙상하게 남은 쪽문을 열어 봄을 덮고 잠이 든다

나의 아버지

전신주의 외등(外燈)이
해거름을 연신 토해내던
명절 저녁마다
당신의 얼굴은 언제나
붉게 타올랐습니다

오남매의 휘어진 아침을 달래던 배냇적에
생계에 매달려 푸석해진 어제를 뒤돌다
마주친 얼굴들 속에

감추어 두었던 빛나던 청춘과
홀어머니와 함께 베고 누운
밤하늘이 머물고 있습니다

한여름, 시간의 틈 사이로
여우비가 스쳐 지나가면
당신의 얼굴은
쓸쓸한 걱정들로
붉게 물들었습니다

한 시절 삶의 전부였던 목마름이
푸른 바다를 삼키고
단풍 하나씩 내려놓을 때
당신의 얼굴은
황홀한 파도로
붉게 일렁였습니다

밤눈이 내려앉은 빈방의 고단한 생활(生活)
버리지 못한 외로움과 그리움을 등에 진
당신의 얼굴은
다섯 개의 작은 별들로
붉게 빛났습니다

지금 나의 계절에도
당신의 세월이 다한
소슬한 바람이 불어옵니다

슈뢰딩거의 사랑 방정식

어느 날 심장의 상자 속에서
웅크린 고양이를 보았어요
반짝이듯 일렁이는 파동의 함수를

그대의 시선이 닿는 끝자락에서
양자화된 떨림은
견고했던 내 마음의 잔향을 깨뜨리고

플랑크 시간의 스핀을 따라
섬세한 몽상이 변주된 그대의 입자를 응축하죠

불확정한 실재로
끊임없이 해석되는
이름 모를 함수의 고백

끝내 닿을 수 없는
사랑의 아포리아 속에서
소멸되지 않는 그대와 마주칠 때면
슈뢰딩거의 함수는 에포케처럼 부유하죠

나는 그대라는 궤도 사이를
유영하는 중력 없는 행성

우리의 슈뢰딩거 상자는
찰나처럼 사랑이었어요

해변을 태운 그 시절

새하얀 소금 같은 추억이
바다의 불빛 얼룩들과 함께
번져 들어간다

성긴 흰구름과 저녁 해도
세월 따라 마음 식히며
매만지는 바다의 속삭임

정적으로 피어오른 지평선이
스러지는 모래알처럼
붉게 다비되어 간다

파도를 흔드는 인기척에 놀라
저만치 달아나는
생의 아쉬움

누구도 듣지 않는
바다의 인사를 별빛에 수놓고
외로운 노을 지고 돌아선다

가늘디가는 마음 하나가 저만치서 떨려 온다

열꽃을 머금다

싸락눈의 행간이
소리 없이 말머리를 감추는 시간

생(生)의 체온을 지피던 배냇적은
차가운 도심의 잔가지에서
잠 못 이룬다

멈출 수 없는 세상 울음길 따라
이불 속에 웅크린 어린 발가락들은
연신 열꽃을 피워 낸다

어둠별을 달구던 오늘은
황급히 멍울을 뱉고
겁에 질린 꽃잎들을 품에 안는다

손목의 시간이 홀로 어둑한 날
다시 피어난 열꽃 앞에
말없이 무릎 꿇고 싶은 나

전신에 물든 찬란한 열꽃을
한결 깊어진
달빛에 하얗게 기대어 본다

겨울 숲

고요를 먹고 자라난 숲에 겨울을 심는다

바짝 마른 나무를 둥글게 말아 올리면 흐릿해진 기억들이 숲으로 뛰어든다 인적 없는 산은 빛의 사각을 찾고 눈꽃 발자국엔 겨울만이 선명하다 비릿한 온기가 어둑한 머리칼 사이로 외투를 껴입고 추위를 집어삼킨 희미한 봄볕은 유난히 붉은 각인처럼 아프다 하얗게 패인 자국은 무표정한 누군가를 생각한다

붉은 장갑 한 켤레를 손에 쥐고 나서는 밤

얼어붙은 사막의 숲을 걸으면
낯선 것들의 익숙한 비명들이
물컹한 절벽 아래로 쏟아져 내린다

한 줌의 눈송이에 뭉그러진 적막은
습습한 낙타의 혹처럼 무거웠다

아무도 찾지 않는 겨울 숲의 소란함이 커지는 계절에는

풍경 한 조각을 마시멜로에 그리다

회색 도시의
조각난 풍경을 걸으면

잔별 속에 그을린 불안이
질퍽한 바람에 흩어져
결핍의 온도로 일렁인다

서걱대는 꽃잎의 발자국이
아련한 세월의 물살을 가로질러
느린 걸음을 재촉하면

석양을 끼얹어 타버린 장작처럼
애태우며 기다린 오늘
그 끝자락에서
한 조각 희망을
불씨처럼 간신히 움켜쥔다

늦봄에 흩날리는
첫눈의 풍경을
하얗게 채워진 마시멜로에 담아내면
달콤한 향 내음이
내 마음에 스며든다

고요한 사랑의 날개

홍조 띤 두 뺨 위로
작은 나비 한 마리가
살며시 날아든다

늑대가 할퀴어 부러진 날개* 사이로
가린한 생의 한순간이
외로운 떨림 하나로 번져 간다

내 몸을 타오르는 지독한 사랑의 불씨는
애끓는 안타까움이 되어
막다른 골목길을 맴돌고

밤마다 눅눅해져 적막한 그림자는
고요한 시간 앞에서 눈물로 웃고 있다

오늘도
나의 창가로
붉은 나비 한 마리가
다시 날아든다

* 전신 홍반성 낭창(루푸스), 피부 발진이 마치 늑대에 물린 자국과
비슷한 만성 자가면역 질환

2부

별은 숲이 되고,
너는 그리움이 되어

레온나이트를 따라 걷다

기억의 서랍에
또 한 겹의 상처가 기웃거린다

두툼한 눈물로 푸성귀 같은 밤을 거치고도
오지 않는 너에게 휘갈겨 쓰는 편지

밤들도 별빛 한 점 풀지 않고
마음 허물어져 몸부림치던 날
지워낼수록 안개처럼 다가와 피어나는 이름

추억이 사막의 꽃처럼 피어날 때
레온나이트*에게 맺힌 회색빛 그리움

너무 가까이 서 있는 너를
지독한 가시로 품어 본다

* 다육 식물

어느 겨울, 풍경 소리 내리는

산사 처마 밑 풍경(風磬)과 바람이
무심한 듯 계절 끝을 스쳐 지나간다

동안거(冬安居) 지나
아득한 순간의 속울음이
청아한 몸짓으로 천천히 머물고

아미타불의 찰나(刹那)에 묻힌 영겁(永劫)이
잿빛 기억으로 희미해져 갈 때

그을린 너의 그리움이
상처가 헤집어 놓은 생(生)을

어느 겨울, 풍경 소리 내리는
그날의 눈꽃으로 피워낸다

나를 기다리는 시간

상처의 모서리를 가위로 잘라내면
소란했던 파문의 끝과 끝에 서 있다

숲의 그림자가 파고(波高)의 쪽잠을 앓는 순간, 훌쩍 커버린 밤은 말없이 멈춰 선다 바람에 실려간 새벽이 울음을 게워내면 날개 잃은 짐승은 어둠을 비집고 들어가 부러진 생(生)의 끝을 훌쩍인다 웅크린 빛의 흔적들이 어둠 속에서 부풀어오르다 꺼져 간다

어디에도 없을, 어디에나 있을, 나를 기다리는 시간

온몸을 휘감은 격랑(激浪)에 이끌려
수문 안에서 부서지는 바람은 흔들리는 것만을 집요하게 핥아낸다
가볍지만 무거운, 존재의 무게감으로 버티는

피레네 성*의 이방인

요동치는 파도 위에
온기를 잃은 생(生)의 이방인

중력을 잠식당한 바다의 돌덩이는
허공(虛空)의 요새로 흘러들어
이기적 욕망을 비추는 그림자들로 짙어간다

푸른빛의 흔적만이 남아
고요를 잠그는 성(城)

엉겨 붙은 돌섬 위
안개를 헤치며
피레네의 서늘한 흉터는
은밀한 울음을 흘린다

* 벨기에 화가, 르네 마그리트 作

가을이 내려앉는

내 인생에 가을이 오면
스쳐간 날들의 상처를 다독이며
담담한 미소로 내일을 맞이하는 낙엽이 되리라

계절이 내려앉는 길섶에서
말없이 흘려보낸 여름날의 꽃을 불러보고
끓어오르던 청춘의 열기를 가슴에 품은 채
붉게 타오르는 단풍에 기대어 보리라

봄날에 머물던 허기진 마음도
낙엽처럼 조용히 흘려보내고
흔들림 없이 나를 지켜내리라

깊어가는 가을밤
아련히 저무는 시간의 아쉬움을 거두어
지나온 모든 날들을
온전히 사랑해 보리라

겨울이 감기처럼 찾아왔다

겨울이 감기처럼 찾아왔다

밤을 여는 빨간 등대
매서운 바람과 함께 오늘을 깜빡이고

유성(流星)을 가득 실은 배가
인적 드문 청사포 항구에 다다르면

달빛에 그을린 종달새
얼어버린 심장을 작파(斫破)하고 울음을 토해낸다

파도가 달빛을 삼켜 바다를 잠식하고
바람의 무게에 지친 진눈깨비는
들꽃처럼 피었다 저물어 간다

그 인연의 시종(始終)은
사막의 검은 모래처럼 고요히 흩어지고

지독하게 나를 괴롭히던 겨울은
봄을 찾지 못한 채
아프기만 하다

그대, 나비잠 속에서 잠이 들면

노을빛 닮은 그리움이
유리병에 갇혀 외줄을 타고
얼어붙은 계절의 꿈결 속에
그대를 조심스레 담아본다

불안했던 지난날들은
햇살에 베여
모질도록 선명한 기억이 되고

빗방울 젖은 하늘
우리 사랑이 머물다 간 자리마다
별빛 은은히 수놓인다

나비잠에 든 그대 곁으로 다가가
망각의 꽃 한 송이
살며시 내려두고
아득한 추억 속으로 돌아선다

소독차가 내어달리면

소독차가 골목을 삼켰다

하얀 숨결의 피막 아래
시간의 틈새로 경계 없는 빛을 쏘아 올렸다

코끝을 찌르던 향기는
우리를 낯선 시간으로 데려가고
거기, 맞닿은 발끝마다 세상이 열렸다

작은 발걸음들은
소독차가 흘린 세계를 내달려
하얗게 물든 비밀 속에서도 서로를 잃지 않았다
그 순간 우리는 처음으로 환상을 배웠다

그 길 끝에 무엇이 있었는지 아무도 묻지 않았다

은빛 칠을 두른 아이들의 웃음소리는
뒤엉킨 소음 속에서
어린 날의 꿈을 하얗게 유영하고 있었다

지금도 나는
시간이 희미하게 덮인 골목에서
그 안개의 잔영을 따라 걷고 있다

어쩌면
잃어버린 무언가를 찾아서

서툰 운명을 안기다
- Erik Johansson, ⟨Leap of faith⟩

불안의 끝자락을 부여잡고

붉은 풍선 하나 띄워 올리면
흔들리는 오늘도
첫봄을 맞이할 수 있을까

하늘빛 온기가
짙어진 계절을 따라

새벽의 소란한 무게로
허공에 매립된 빛을 덜어내도
금세 버거워지는 발걸음이 된다

그러나
오늘도 서툰 운명을 안고서
내일을 뒤돌아본다

꽃망울의 그림자

엎질러진 시간이 실신해 버린 오후

홀로 귀가한 꽃망울의 그림자는
차가운 달빛 속을 유영하고
분홍신이 뱉어낸 문장들은
비운(悲運)의 싹으로 마침표를 찍는다

노을이 사라질 무렵
새까만 빛과 맞닿은 불안이
견디기 벅찬 호흡으로 번지면

얕은 여울에 스민 바람이
습관처럼 하늘을 그을리고
홀로 타오르던 꽃잎은
하얗게 나를 감싸온다

음계 잃은 카르마

어둠조차 스러진 밤의 소리는
시간의 멍울을 끄적이고
슬픔을 삼킨 계절은
고달픈 이명(耳鳴)으로 소란하다

영혼의 조각은 자물쇠를 채우고
풍화된 기억의 파편들은
음계 잃은 줄타기 속에서
두 볼에 피어난 눈물을 따라 흔들린다

생(生)의 마루에서 머무는
카르마*

* 업(業), 전세에 지은 소행 때문에 현세에서 받는 응보

꽃잎 하나

서랍 속에 잠들었던 어둠이
기지개를 켜는 순간

꽃잎 하나
파르르 하늘로 올랐다

푸른 물결 일어서서
집으로 돌아갈 때

또 다른 꽃잎 하나
파르르 하늘로 올랐다

그 자리에서
우리의 이별은
노을처럼
아무런 말 없이 번져가고 있었다

기다림을 줍는 사람들

달빛이 물살을 감싸는 동안

따스했던 봄날의 꽃잎들은
하얗게 질린 물살에
어두운 속도로 길을 나선다

먼지로 가득 찬 빈집의 나는
너라는 그늘 아래서
고요히 잠든 미련을
사랑이라 부른다

가을밤 향기가 멈추고
오후의 그림자가
사그라지는 순간

소리 없이 처음 온 길을
다시 걸어간다

빈집 창틀에 걸려

거미줄에 걸린 바람 한 점
빈집 창틀에 매달려 나부낀다

잘 익은 추억 하나
뜨거운 햇볕 아래 서서히 말라가고

모닥불처럼 깎아내린 시간은
떨어질 듯 기다리는 중력의 빗방울이 된다

그 침묵의 행방은
지금쯤 어디로 향하고 있을까

말랑한 꽃잎 사이로
둥그렇게 모여든 낯선 소리들

그날의 둥근 발자국을
조심스레 읽어 내려가고서야
깊은 잠에 든다

야윈 그리움은 새벽처럼 달려오다

해질녘 겨울나무 아래
오랜 눈물을 지어내던
사랑 이야기

야윈 그리움은
새벽처럼 달려와
별빛이 되어
바다에 스며든다

흩어져 가는 기억들마다
추억 하나씩 내려앉으면
따스한 바람이
너를 감싸 안는다

내 작은 세상은
너라는 기억으로 반짝이고
우리의 사랑 이야기는
살며시 다가와 나를 감싼다

별은 숲이 되고, 너는 그리움이 되어

새벽 달빛 따라
바람을 등에 지고 걸어가면

오늘은 어제의 외투 속으로 스며들어
쾅쾅 소리를 내며
부서져 내린다

너를 향한 고백은
언제나처럼 잿빛 새벽으로 스러지고
달빛 선율을 그린
혼잣말이 된다

그 흔적마저도
고요 속으로 스며들 때

별은 숲이 되고
너는 그리움이 되어

그 숲을 떠돈다

3부

그대의 봄날은
자국을 남긴다

그대의 봄날은 자국을 남긴다
- 프라하의 봄

바츨라프의 나뭇가지들이
사납게 떼울음을 내지르는 밤

손을 맞댄 별 그림자는
아픈 계절을 지밋거리고
거리의 울음소리와 뒤섞여
새벽으로 사라져 간다

먼 어제로부터 쏟아져 내린
보헤미아 여인은
어둠을 부수는 양심의 꽃잎처럼
따가운 웃음으로 바라본다

아픈 계절을 지나
내 안에 깊게 새겨진
봄날의 자국은
오늘을 남긴다

사려니숲길 아래서

흩날리는 별빛 따라 나선
황혼녘 사려니숲길 아래

너와 함께
소리 없이 걸으면

자줏빛 바람의 경계 너머
새하얀 함박눈이
이른 겨울의 차가운 속삭임에 놀라
잠시 뒤돌아본다

흩어지는 바람에
점점 더 붉어져 아롱진 추억만큼
놓쳐버린 발걸음은
멀어져만 가고

그 안에서
갈 곳 잃은 우리
다시금 짙어지는 겨울

그리고 너

프랙탈의 방

닿을 수 없는 거리에서
통증은 속살 깊이 파고든다
그곳은 비밀의 방

맹수처럼 무자비한 바람을 피해
굳게 닫힌 문을 찾아
시간의 미궁 속을
처연히 떠돈다

긁히고 베인 상처들이
증오와 탐욕으로 키워낸 플랫폼 위에서
결코 붙잡히지 않을 이방인의 이름은
욕망으로 가득 차 있다

어둠 속에서 침묵하지 않는 자들이
부서진 벽 너머로
빛을 던지고 있다

성체를 닮아가는 방
짐승들의 불신이 벽마다 스며들고
그 끝은 이내 또 다른 시작이 되어
너에게로 다가간다

오늘도
울음 끝에 수장(水葬)되며
채워져 가는
프랙탈*의 방

* 프랙탈(Fractal) 이론, 무한한 구조 속에서 자기유사성과 반복성을
  설명하는 이론

길들여진 속도, 잃어버린 시간
- 강물처럼, 꽃처럼, 아이처럼

아이를 키운다는 것은 시계를 좇는 일이 아니다
하지만 어른들은 시간을 나누고 줄을 세우고
하루를 계획 속에 가둔다
밥을 먹는 시간 책을 읽는 시간 잠을 자는 시간

정해진 틀을 벗어나면
"이제 그만" "빨리 끝내" "왜 아직도?"
조급한 말들이 아이의 시간을 조각낸다
느림은 고쳐야 할 결함이 되고
머뭇거림은 미숙함이라 불린다

아이들은 언제나 계절의 속도대로 자란다
신발을 신는 데도 한참
숟가락을 들고도 생각에 잠긴다
강물을 따라 길가의 돌멩이를 세어 가고

나뭇잎을 주워 들고
바람이 불면 한동안 그 결을 따라 멈춰 선다

기다리다 지쳐 아이를 재촉한다
"빨리 좀 해" "시간 없어" "늦겠다!"
밀려 있는 할 일들 늦어진 출발 바쁜 하루 속에서
아이의 느릿한 걸음이
때론 답답하게만 느껴진다

그러나 아이들은 시간을 다르게 산다
강물의 흐름을 따라가고
햇살 속에서 그림자를 좇고
바람이 흔들리는 풀잎을 바라보며
자신만의 리듬으로 순간을 채워간다
하지만 어른들은 그 멈춤을 허락하지 않는다

꽃이 피는 데는 시간이 필요하지만
우리는 초침을 앞세워 기다림을 재촉한다

언제 말을 하고 언제 걸어야 하고
언제 멈추어야 하는지
정해진 속도에서 벗어난 아이는
늦었다는 이유로 속도를 강요받는다

빨라야 한다는 강박 속에서
느림은 미숙이 되고 머뭇거림은 나태가 된다
결국 길 위의 꽃은 보이지 않고
구름도 모양을 잃어간다

그러나 나는 이제 묻지 않는다
아이에게 왜 멈추었느냐고
왜 아직도 거기 머물러 있느냐고

꽃이 필 때를 서두를 수 없듯
강물은 머물러도 흘러가듯
아이들도 저마다의 속도대로 살아간다는 것을
시간을 길들이려 했던 것은
결국 나 자신이었다는 것을

속도를 맞추려 하기보다
속도를 묻는 것이 먼저여야 한다

길들여진 속도, 잃어버린 시간

시간을 걷는 아이에게
길을 잃은 것은 과연 누구인가

빨간 나무*의 기다림

하늘 계단을 오르는
작약 꽃잎들은
기억의 바람결에 잠시 머문다

하얗게 스러져 가는
봄날

아련한 은총의 무게를 이기지 못하고
구름 위에 새겨진
빨간 나무에 매달린다

지나온 흔적들에 엇갈린 발걸음이
내생(來生)의 길 위에서
다시 너를 찾기를
다시없는 사랑이기를

이별마저 사랑이 된 추억은
죽음의 문턱 앞에서도
나를 너에게로
끌어당긴다

* 숀 탠, 〈빨간 나무〉

갈대는 상처를 기억한다

여느 때처럼 저녁 해거름마다
어둠을 묻혀 쓰는 편지

푸성귀처럼 익어 버린 밤을 찾아
헤매이는 글귀들

널 그리워하는 만큼의 여백은
별빛 하나 풀지 않는 밤처럼
스러져 간다

짙은 구름 사이에 숨기려 해도
결국 햇살에 들켜 버리는 이름에게
나는 또다시 편지를 쓴다

달그락대는 파문과
상실의 기척을 담아낸 문장은
결국 보내지 못한 채
서랍 속 시간의 그늘에 묻혀 버린다

어느 저녁
흔들리는 갈대는
또다시 아프기만 하다

우리 행님의 전화벨이 울리면

오늘도 전화벨이 울리면
남해에 있는 우리 행님의 목소리가 들린다
저녁녘 울적한 밤을 삼키며

"사나이로 태어나 서울로 가보라"
"가방끈 길게 메고 살라"
철없는 동생을 서울로 떠나보내고
고향집에 홀로 남아
지친 가난을 묵묵히 짊어진
우리 행님의 전화벨이 울리면
내 마음도 함께 운다

낡아진 세월 따라
하얀 눈발이 머리 위로 내리고
어느새 겨울이 깊어간다

가방끈 길게 메고 지하철역을 오가던
내 이십대의 청춘도
형님을 닮아
이제 인생의 중반을 짊어지고 산다

외로움을 걸치고 걷는
유난히 시린 서울의 밤거리

고요한 적막을 깨우는 전화벨이 울린다

지금은 전화를 받을 시간
도시의 소음을 끄고
수화기를 든다

우리 시간의 사분점

손끝을 스치는 추억이
침전된 무게를 견디지 못해
상처로 번지고

상처는 꽃망울처럼 피어나
가시 박힌 눈물을 맺는다

오늘도 나의 아침은
얼룩진 그리움 속에서
너라는 열병을 앓는다

사분점* 안의 각도대로

* 임의 확률변수 축에서의 확률분포

봄의 꿈

걸었으니
생각을 따라오는 길이다

결말이 없는 꽃들은
빛의 리듬을 출렁이고
달빛의 온기를
입술 끝에 물들인다

흐드러지던 침묵 사이
계절을 잃어버린 약속의 꽃은
시간의 그림자 속에서
고요히 피어난다

이토록 눈부셨던
봄의 꿈은
마침내 너를 그린 시가 된다

하얀 발자국을 따라서

너라는 계절이
머물다 스쳐 간 자리마다

석양에 흩날리는 바람은
홍연(紅戀)의 끝자락에서
희미해져 간다

너를 닮아
빛을 머금은 저녁과 마주한 날
보랏빛 온기로 물든 달빛만이
나를 비춘다

아물어 가는 상처 위에
그리움을 품은
하얀 발자국을 따라

그 시절
아련히 남아 있는 기억을
사랑이라 불러본다

삼천포시 사등동 30번지

폭풍우가 잦아들 무렵

행님이 만들어 준 감나무 그네 위에서
꿈을 쫓던 소년의 풍선은
나무 가지에 매달린 채
지금도 세월을 세고 있다

하늘을 칠한 바다에서 자라난 추억들은
갯내음 어린 물결을 타고
남해의 넘실대는 계절 속에서
천천히 익어간다

그 시절
남일대 바람의 무게만큼이나
작고 따스했던 온기로

오늘을 달래며
잠이 든다

잠 속에 스며드는 갯벌 내음은
멸치잡이 배에 내어 달린 등불과 함께
비리도록 그리운 바다를 찾아 나선다

나의 섬마을에는
오지 않는 손님을 기다리며
노을의 낙조처럼
닿을 듯 닿지 않는
오남매의 하루가 흐르고 있다

밤, 별을 잃다

강물에 쓸려가는 민들레
새벽빛이 고요히 내려앉는다
계절의 옷깃에 걸린 한기는
낫지 않는 통증처럼
갈대의 눈물을
먼지로 흩날려 보낸다

토방 툇마루에
까치발로 날아오르는 반딧불은
노란 꽃잎을 짓이기며
달그락거리는 그리움을
사립문 밖으로 흩어낸다

새까만 진눈깨비가
앙상한 쪽문을 열던

별마저 오지 않던

그 밤

먼 훗날

가느다란 마음이 실타래처럼 엉켜
끊어내지 못한 슬픔을 되새김질하면

마르지 않는 외로움은
절망으로 일렁이는 생을 잇는다

남루한 풍령(風鈴)은
하얀 화석이 되고
깃털 같은 삶의 무게는
고요한 무덤처럼 내려앉는다

죽음 뒤에 찾아오는 평온
유리에 맺힌 빗물은
무심한 듯 스며들다
어디론가 흩어지고

먼 훗날
상처의 결을 거슬러
오롯이 울어버린 슬픈 가시는

다시금 살아갈 용기를 얻는다

어둠보다 짙은 여백

흩어져가는 백야의 불안은

밤이 내려앉아도
어둠보다 짙은 기억의 터널을
끝없이 맴돈다

차고 기우는 삶의 공전 속에서
계절처럼
흔들리며 걸어가지만

소멸을 바라고 씻어내려 해도
무너진 시간 위를 떠돈다

텅 빈 숨결로 하루를 덮어도
지친 내일은

미완성의 어제를 붙잡고
희미한 그림자 속에 맴돌 뿐이다

보잘것없던 오늘의 끝자락에서
속절없이 무너지던 그 순간마다
손을 잡아주던 그대의 말

때로는
짙은 여백이야말로
삶을 다시 채우는 단단한 위로가 되는
보통의 외로움이라는 것을

거두어들이지 않은 것에 대해
- 목련(木蓮)

찬란한 자유의 무게로 피어난

어둠 속 목련 하나가
길을 잃고 조용히 꺼져간다

헛된 욕망은
회색 도시의 자화상이 되어
한때 민중의 꽃이라 불리던
기만의 꽃잎을 무력하게 짓이긴다

풍화된 호흡이 상흔을 남기면
빛깔 다 채운 설렌 이명(耳鳴)은
뒤틀린 가지 끝에 검은 궤적을 남긴다

광장의 빛으로 피어난
메마른 가시는
너의 불면을 품고
달빛마저 등에 진 채
썩어가는 늪으로 빠져든다

결국
거짓된 찬란함 속에서
피로 얼룩진 꽃잎은
뿌리 잘린 채 부패하고
설익은 영혼은
질척한 시간 속에 스러져 간다

등불의 담을 넘지 못한 너는
위선의 껍데기를 벗어던진 채
거두어들이지 않은 탐욕의 잔해를 붙들고
길 잃은 강이 되어
끝내 스스로를 지워간다

빙점(氷點)

풀섶에 이슬마저 말라버린
갈증의 늪

석양의 상처에는
짙은 피멍이 들고
지탱할 수 없는 삶의 무게에
겨울 강은
기슭에서 울음을 삼킨다

난파선처럼 부서지는 밤
별들이 빙점처럼
하나씩 내려앉는다

몽환의 그늘

널브러진 자루 안에 갇힌
걱정들은
의심을 잉태하고
새로운 불안을 앓는다

질긴 아침을 씻어내도
여전히 겁에 질린 채

어제로 남겨진 달빛의 기도가
질퍽한 어둠을 우물거려도
실종된 오늘은
보잘것없는 밤을 건너야 했다

다시금 스산한 어스름의 자루는

끝내 채울 수 없는

몽환의 그늘로 다가선다

4부

네가 사라진 자리엔 바람만 남았다

종이달 사랑

종이달 위로
온기 몇 송이를 올려놓는다

빛이 사라진 텅 빈 가을은
빼곡한 그리움으로 남아
바람에 스며든다

이별의 씨앗은 여름 숲이 되고
사랑의 시간은 낙엽이 되어

밤마다 떠오르는 달 그림자에
가만히
눈물의 새벽을 싹 틔운다

수천 번 손길에도
녹아내리지 않던 기억은
달빛에 차오른 물음표만을
조용히 견디며

우리의 메마른 꿈은
한 조각 종이달*처럼
깊은 잠에 든다

* 가쿠다 미쓰요 원작, 미야자와 리에 주연의 영화 〈종이달〉
  〈종이달〉은 연인이나 가족들과 함께 보낸 행복한 한때이거나 지울
  수 있는 가짜 그림

낙선재(樂善齋)

가을이 여무는 밤

살포시 내린 단풍비는
행황빛 눈물에 물들어
계절의 모퉁이를 지나고 있다

서늘한 바람이
달의 어깨를 딛고 피워낸 감빛 열매가
땅의 온기를 머금는 순간

그녀*의 고단한 생채기는
타는 듯한 감나무의 울음길 따라
잠시 머물다 간다

이제
겨울이 오려나 보다

* 덕혜옹주

환상

어두워지는 빛에 풍경으로 인화된 소녀*

작은 두 발을 내디딜 때마다
더해지는 삶의 무게

초라한 성냥 하나로
추위 속에 피운 꽃자리
반사된 불빛은
여린 꽃망울에 슬픔으로 맺힌다

한 줌의 온기를 찾아
떨리는 손끝이
얼어붙은 어둠을 매만지며
마지막 불꽃을 새긴다

어떠한 환상에도
찬란히 외로웠던

* 안데르센, 〈성냥팔이 소녀〉

그리움 깃든 낡아진 숨을 내쉬며

상처가 석양빛에 물들면
여물지 않은 침묵의 무게를 움켜쥐고
새벽을 걷는다

부서지는 햇살 아래
조각난 추억들만이
그리움 깃든 낡아진 숨을 내쉬며
아련히 흔들린다

세월의 발자국을 따라
자라지 못한 마음이
천천히 늙어가면

텅 빈 한기 속에
흩어져 버린 날들의 시린 뒷모습으로
고요히 스러져 간다

보통날

시간의 다락에서 여윈 그리움은
저마다의 추억이 되고

옅게 물든 구름이
그림책 하나를 읽어 내면

깊어진 여우비는
붉은 입술이 되어 온몸을 감싸고
계절을 꽂은 책갈피가 된다

차마 잡지 못했던
너의 뒷모습

보통날은
이토록 아프다

그리운 추억 하나를 흩뜨리면

보랏빛의 해무리가
꿈처럼 사라지는 그대의 시간은
이별 한 숟갈을 머금고 흘러가요

달빛 안에 가둔 사랑이
나란했던 발걸음이 되어
그리운 추억 하나 흩뜨리면

짙어지는 구름 사이로
또 한 숟갈 이별을
슬그머니 퍼다 놓았지요

오늘도 나는
그리움 한 조각을 품고
고요한 밤길을 걸어가요

꽃노을 붉게 닿던 그 자리에서

호수의 물결이
다이아몬드보다 찬란하게
반짝이던 그 순간

햇살의 황홀함이
낡아진 어둠을 깨우고

손짓하던 작은 숨결 하나가
안개 속으로 사라질 때

나를 바라보던 미소는
가슴 깊은 곳까지 잔물결을 남겨요

꽃노을 붉게 닿던 그 자리에서

우리의 이별은
사랑으로 번져만 갑니다

너를 닮아

햇살에 산란한 무당 무늬 꽃잎이
투명한 거울에 아로새긴 빛을 따라 흐른다

멍울을 뱉은 영혼은 그을린 검불이 되어
아득한 시간의 그늘에서 길을 잃고

생채기를 감춘 무당벌레는
화려한 날개 속에
불빛 언어들을 흩어 모은다

보잘것없는 하루 끝에서
가시덩굴처럼 박히는
유리 조각들은 파편이 되어
어둠 없는 밤의 빛을 찾아 헤매인다

생의 간극(間隙)에 채워진 공허와
어딘가로 증발해 버린 희망을 외면한 채

결국
너를 닮아
길어진 오늘을 따라 걷는다

우호적 무관심

옅은 달빛이 비명을 지르는 밤

외로운 시간의 틈 사이로
붉은 선인장 하나가 유영한다

떠올린 기억 없이 짙어진 너를
가시 돋친 모서리에 가두고
사르고 또 살라보지만

잿빛 숨결은
이내 선홍빛 주름이 되어
하루씩
다시 태어난 너를 내게 안긴다

지워도 지워도
그리운 사랑의 열병으로 남아
불안을 낳아준 뾰족한 네 모습에
너무나 닮아버린 우리

내 마음에 뜬 선인장 하나
언제쯤이나
하얗게 말라버릴까

유화를 그리며

인생
유화처럼 다시 그릴 수 있을까

검게 물든 캔버스
짓이겨진 색의 경계를 지나온
코발트블루가
테르페노이드 오일에 깊숙이 잠긴다

홀로 견뎌낸 시간이 빚어낸
외로운 마음의 주름을
한 겹씩 풀어헤치면

짙은 어둠으로
박음질해야만 했던 오늘이
기꺼이 살아낸
내일의 꽃으로 피어난다

바탕이 깊을수록

더 선명해지는 유화처럼

생(生)의 캔버스를

다시 마름질해 본다

물바람

허공에 내던져진 몸 안으로
물바람이 거칠게 휘몰아친다

진압당한 육체는
검은 멍으로 묶이고
손끝에 걸린 억울함을
꼭 쥔 채
유기된 악몽의 주검이 된다

가시덩굴처럼 박힌 햇살은
비명을 품은 채
검게 번져간다

한참을 서성이다
치열한 공포로
매립된 머리맡을 맴돌며

매일 밤 녹아내리는 육신 위로
붉은 어둠은
짙게 물들어 간다

시간의 틈을 비집고 나온
흐릿한 혼잣말을 쏟아내면

그제야 완성되는 마지막 문장

**"엄마 사랑해
그 사람들, 죄를 밝혀줘"**

별이 되어

따스한 햇살이 머물던 너에게
사랑 하나 건네지 못했다

시간의 모서리에서
부풀어 오른 펜촉이
너의 이름을 그려내고

떨리는 마음의 결을 따라
물끄러미
달빛의 무게를 들여다본다

꿈처럼 아득한 그리움은
몇 광년 너머 나만의 별이 되고
흩어졌다 차오르는
아련한 사랑으로 짙어진다

오늘도
시간의 열병은
너만을 흐르고 있다

파랑을 닮은

비에 젖은 별빛이 나를 비추면
밤새 그대가 내려앉아요

곡선의 숨결이 파선의 떨림으로 번지다
원처럼 쏟아진 마음이
평행선으로 가늘게 떨려오면
닿지 못한 수평선 너머에서
그대를 불러내요

파랑을 닮은 우리의 추억은
이별 끝에 그림자를 따라
작은 파문을 남기고

차갑고 눅눅한 검은 꽃잎들은
옅어진 그대의 뒷모습만을
눈물로 피워내요

오늘도
검은 살갗에서
축축하게 젖은 고장난 LP에
그대를 필사하네요

네가 사라진 자리엔 바람만 남았다

사소하게 지워져 가며
빛을 버린 밤

석양을 끼얹은 바람은
서걱대는 어둠의 끝자락으로 옅게 흐려진다

이별에 서툰 거리의 우리는
얼룩진 아침이 오면
비로소 서로를 찾아 떠난다

어쩌다 너를 닮은 저녁과 마주치는 날
뭉개진 문장을 덜어내며
보랏빛 시간을 들춰보아도
너는 없다

검게 그을린 밤
빛을 켜 들어도 이미 사라지고
너와 함께
지워져 가는 우리

그날의 눈물은
하얀 바람 끝에 머물다
새벽빛으로 스러져 간다

오늘은 어제보다 내일에 남아
- 수련(睡蓮)

계절에 기대어 쏟아지는 고요가
주름진 잎 사이로
낡은 담(萏)을 썰물처럼 빠져나갈 때
봄볕 끼얹은 상한 가지는
바람에 피어나고

파도에 젖은 줄기는
희미해지는 시간의 강을 건너
물빛 기억을 안고
모네의 초록 캔버스로 뛰어든다

캄캄한 어둠을 기다리던
불빛 흔적들은
잎맥마다 스며든 어제에 물들고

그리워질 빗소리만큼
한결 깊어진 수련(睡蓮)이 되어

황톳빛 햇살 가득 담은 기다림으로
익숙한 오늘 속에
너를 떠나보낸다

꽃의 그리움이 시가 되어

달빛 틈 사이로 펄럭이는 적막
짙어지는 꽃망울의 발소리가 아련하다

앙상한 번뇌를 보듬은 바람에
푸른 추억 하나가
침묵의 들녘에서 애태우고

그늘진 생(生)의 주름들이
밤을 건너
꽃잎의 시간에 무늬를 아로새긴다

내일을 달래다 보면
궁핍의 환대 속에 무거워진
어제가 화인(火印)이 되어
꽃술 깊숙이 다시 피어난다

꽃내음 그윽한 시 한 편
우리의 인생은
이렇게 꽃으로 남는다

에필로그
- 끌림, 어딘가에 있을 희망에게

   삶이 던져준 가난과 이별, 사랑과 희망 그리고 무수한 물음 속에서 나는 단어를 줍고 문장을 엮어 왔습니다. 가난했던 시간들은 내게 결핍의 깊이를, 이별의 순간들은 사랑의 무게를, 그 불완전했던 날들의 틈새에서 피어난 감정들이 이 시집의 언어가 되었고, 부족한 삶은 오히려 풍성한 이야기를 만들어 주었습니다.

   지금까지 나를 지탱해 준 이름들이 있습니다. 부모님, 당신들의 희생과 사랑이 없었다면 지금의 제가 있을 수 없었을 것입니다. 추자 누나, 동진 형님, 은숙 누나, 명숙 누나 그리고 매형들, 조카들. 늘 한결같이 보여주신 믿음과 배려는 제게 큰 힘이 되었습니다. 그리고 내 곁에서 나를 가장 깊이 이해하고 함께 걸어주는 아내 진하와 나의 하루를 빛나게 해 주는 딸 하율과 아들 윤우에게도 진심으로 감사

합니다. 또한 내가 흔들릴 때마다 나를 지지해 준 이안정 선생님, 소중한 나의 모든 사람들. 이 시집이 세상에 나오는 것은 결국 당신들이 있어 가능했습니다. 더불어, 깊이 있는 사유와 학문의 길로 이끌어 주신 김혜연 교수님께 진심으로 감사드립니다.

삶은 때로 무겁고 때로 가볍지만, 그 경계에서 발견한 눈부신 아름다움을 담아 시집을 닫습니다. 이 페이지들이 누군가의 마음에 닿아 또 다른 이야기를 피워내기를 간절히 바라며.

양일동

해설

시적 사유로 직조한 변증법적 초상:
존재의 결을 따라 흐르는 언어와 현실의 미학

이안정(시인·문학평론가)

　양일동 시인의 시집 《나는 그렇게 다시 계절의 품에 안긴다》는 언어를 통해 존재를 끊임없이 묻고 탐색하는 실존적 여정이다. 그의 시는 삶이라는 복잡한 결을 따라 걷는 철학적 성찰이며 세계를 투명하게 들여다보는 깊고 섬세한 눈빛이다. 언어가 담지 못하는 빈자리, 말 뒤에 숨어 있는 침묵의 의미를 시인은 조심스럽고도 집요하게 파헤친다. 특히 시간의 흐름은 전통적인 선형적 방식에서 벗어나 과거와 현재, 미래가 서로 얽히고 중첩되는 비선형적이고 중층적인 구조로 나타난다. 기억은 현재를 적극적으로 구성하고 의미화하는 생생한 힘으로 작용하며 그 결과 개인의 내밀한 경험은 보편적인 존재론적 질문으로 확장된다.

존재의 근원을 향한 회귀: 유년의 기억과 시적 자의식

유년의 기억은 단편적인 회상이 아니다. 앙리 베르그손(Henri Bergson)이 《물질과 기억》에서 논의했듯, 기억은 과거의 수동적 재현이 아니라 현재의 인식 속에서 능동적으로 재구성된다. 시인은 유년의 순간을 시적 언어를 통해 복원함으로써 과거를 현재화하고, 현재를 다시 과거와 연결하며 기억의 역동성을 드러낸다. 이는 마르셀 프루스트(Marcel Proust)의 《잃어버린 시간을 찾아서》에서 차 한 모금이 불러일으킨 기억처럼 감각적 경험을 통해 과거와 현재가 만나는 순간이자 시간성이 중첩되고 확장되는 순간이다.

전신주의 외등(外燈)이
해거름을 연신 토해내던
명절 저녁마다
당신의 얼굴은 언제나
붉게 타올랐습니다

오남매의 휘어진 아침을 달래던 배냇적에
생계에 매달려 푸석해진 어제를 뒤돌다
마주친 얼굴들 속에

(중략)

밤눈이 내려앉은 빈방의 고단한 생활(生活)
버리지 못한 외로움과 그리움을 등에 진
당신의 얼굴은
다섯 개의 작은 별들로
붉게 빛났습니다

지금 나의 계절에도
당신의 세월이 다한
소슬한 바람이 불어옵니다

- 〈나의 아버지〉 부분

〈나의 아버지〉는 개인의 기억을 통해 존재의 본질과 역사성을 탐구하는 철학적 깊이를 지닌 시이다. 시인은 아버지의 '붉게 물든 얼굴'을 통해 한 개인의 삶이 시대적 흐름과 개인적 희생 속에서 형성됨을 드러낸다. 이는 니체(Friedrich Nietzsche)가 《도덕의 계보학》에서 "인간의 고통과 역사적 경험이 개인의 정체성을 결정한다."라고 한 실존적 사유와 연결된다. '쓸쓸한 걱정', '황홀한 파도', '작은 별들'과 같은 시어들은 인간의 존재가 시간 속에서 변화하고 발전하는 과정을 헤겔(Georg Wilhelm Friedrich Hegel)의 변증법적 관점으로 형상화한다. 특히 '단풍 하나씩 내려놓을 때'라는 표현은 인간의 삶이 시간과 함께 끊임없이 변화하며 존재가 지속적으로 재구성됨을 상징한다. 또한 '다섯 개의 작은 별들'이라는 이미지는 가족을 위한 희생과 헌신이 일시적으로 사라지는 것이 아니라 타자에 대한 책임과 관계 속에서 영원한 흔적으로 남아 존재의 가치를 형성함을 드러낸다. 이는 레비나스(Emmanuel Levinas)의 타자 윤리적 관점과 맞닿아 있다. 마지막 연의 '소슬한 바람'은 아버지의 삶이 시인의 현재 속에서 지속되고 있음을 의미한다. 이는 앙리 베르그손(Henri Bergson)의 '지속(durée)' 개념과 연결되며 과거의 경험이 현재의 존재를 구성하는 중요한 요소임을 나타낸다. 결국 시인은 개인의 삶이 역사적·사회적 맥락 속에서 지속적으로 재구성되고, 타자와의 관계 속에서 의미를 형성하는 철학적 진실을 제시한다.

겨울이 굴러 떨어진다

차갑게 식어가는 너는 여전히 제자리를 맴도는 저녁이다 짙어져 간 눈동자의 이슬이 시큼하게 자라는 동안 너는 주황빛 껍질 사이로 하얀 주름을 내비친다 조심스레 껍질을 깐다 계절의 알맹이를 한 입 베어 물면 긴소매를 입은 눈꽃들이 허름한 눈빛으로 연신 울어댄다 그제야 나는 한동안 도량에 앉아 오도(悟道)를 찾는 동자승처럼 촘촘한 그물 속에서 그날의 꿈을 꺼내어 본다

파란(波瀾)을 삼키고 피어난 고요가 낯설지 않은 밤
나는 그렇게 다시 계절의 품에 안긴다

— 〈에필로그. 감귤〉 전문

〈에필로그. 감귤〉은 인간이 겪는 고통을 존재의 형성과 성장에 필연적인 과정으로 탐구한다. 시는 '겨울'이라는 상징을 통해 아픔이 존재를 확장시키는 근원적 힘으로 작용함을 강조한다. 특히, '계절의 알맹이'와 '동자승'은 순수했던 유년기의 시기가 끝나고 차가운 현실을 마주하며 성장해야 하는 존재의 운명을 생생하게 나타낸다. 이는 사르트르(Jean-Paul Sartre)의 실존주의 철학과 연결되며 인간이 처한 조건 속에서도 스스로를 구성하고 변형하는 주체적 존재임을 드러낸다. 시적 화자가 '하얀 주름'과 '파란(波瀾)'이라는 이미지로 표현한 고통과 두려움은 주체적 자기 형성을 위한 필연적인 과정이다. 이는 푸코(Michel Foucault)의 주체 형성 이론과도 연관되며 인간은 고통을 통해 자신의 내면적 경계를 깨닫고 새로운 존재 양식을 만들어 간다는 철학적 관점을 제시한다. 마지막 연의 '나는 그렇게 다시 계절의 품에 안긴다'는 시적 화자가 고통을 부정하거나 외면하지 않고 온전히 받아들이는 성숙한 태도를 보여 준다. 이는 자신의 고통스러운 운명마저 긍정하고 그것을 통해 존재의 의미를 찾고자 하는 시인의 철학적 가치를 담고 있다. 이러한 성찰은 하이데거(Martin Heidegger)의 존재론적 사유와도 맞닿아 있다. 결국 이 시는 인간이 고통을 직면하고 초월하는 과정을 통해 비로소 진정한 존재의 의미를 발견할 수 있다는 철학적 가치를 담고 있다.

소독차가 골목을 삼켰다

하얀 숨결의 피막 아래
시간의 틈새로 경계 없는 빛을 쏘아 올렸다

코끝을 찌르던 향기는
우리를 낯선 시간으로 데려가고
거기, 맞닿은 발끝마다 세상이 열렸다

(중략)

지금도 나는
시간이 희미하게 덮인 골목에서
그 안개의 잔영을 따라 걷고 있다

어쩌면

잃어버린 무언가를 찾아서

　　　　　　　－〈소독차가 내어달리면〉 부분

〈소독차가 내어달리면〉은 유년기의 기억 속에서 현실과 환상이 교차하며 존재의 새로운 차원이 열리는 순간을 철학적으로 탐구하는 시이다. 시인은 '소독차'라는 일상적 대상을 과거의 풍경이 아닌 현실을 초월하여 새로운 인식을 가능하게 하는 현상학적 매개로 활용한다. 첫 연의 '소독차가 골목을 삼켰다'는 표현은 익숙한 세계가 낯선 환상의 공간으로 전환되는 결정적 순간을 형상화하며 '하얀 숨결의 피막'은 소독차의 연기가 일상의 세계를 덮으면서 현실과 비현실의 경계를 흐리게 만드는 역할을 상징적으로 나타낸다. 이러한 장면은 미셸 푸코(Michel Foucault)의 《감시와 처벌》에서 언급된 바와 같이, 권력이 일상의 사소한 풍경을 통해 개인에게 체화되는 방식과 연결된다. 즉, 소독차는 시대적 규율과 통제를 은유하는 존재로 작용하면서도 동시에 그 속에서 자유로운 환상을 경험하는 주체의 탄생을 보여 준다. '코끝을 찌르던 향기'라는 감각적 시어는 마르셀 프루스트(Marcel Proust)의 '무의식적 기억' 개념과 연결되어 과거의 기억이 현재의 인식 속에서 새롭게 재구성되고 확장되는 현상을 잘 드러낸다. 이를 통해 베르그손(Henri Bergson)이 말한 기억의 지속적 시간성(durée)을 표현하고 있다. 시인은 소독차의 연기 속에서 '우리는 처음으로 환상을 배웠다'라고 고백하며 현실의 경계를 넘어 상상과 환상이 존재를 확장시키는 과정을 보여 준다. '그 안개의 잔영을 따라 걷고 있다', '어쩌면, 잃어버린 무언가를 찾아서'라는 표현은 발터 베냐민(Walter Benjamin)이 주장한 것처럼 현재 속에서 지속적으로 의미를 재구성하며 존재의 연속성을 형성하는 과정임을 보여 준다. 결국, 이 시는 감각적 기억과 환상을 통해 현실 너머의 존재론적 의미를 탐색하며 과거와 현재가 만나 지속적으로 새로운 의미를 창조하는 존재의 역동성을 철학적으로 형상화하고 있다.

결핍의 변증법, 실존적 조건과 내면적 초월의 시간성

시인은 가난을 통해 삶의 흔적과 그 의미를 적극적으로 복원한다. 그는 가난을 경제적 결핍이나 숙명적 비극으로 한정하지 않고, 인간 존재를 구성하는 또 다른 양상으로 심층적으로 탐구한다. 장폴 사르트르(Jean-Paul Sartre)는 《존재와 무》에서 인간이 자신의 정체성을 선택의 자유를 통해 구성한다고 주장했다. 시인은 가난을 개인적 선택의 산물로 이해하는 동시에 사회 구조와 역사적 조건 속에서 필연적으로 주어지는 존재 방식으로 규정한다. 이처럼 시인은 가난을 통해 인간 존재의 심층적 의미를 발견하고 이를 적극적으로 긍정하며 그 경험을 미학적 언어로 승화시켜 독자로 하여금 새로운 존재론적 인식을 가능하게 하는 깊은 철학적 성찰을 제시한다.

한 달에 단 한 번, 살다 보면 누구에게나 소풍처럼 가슴 뛰는 날이 있다.
부모님의 부재 속에서도 우리 누이들, 행님 그리고 나는 삼천포 바다에 몰아치는 파도를 가르며 서로에게 기대어 살아갔다. 바다의 거친 품 안에서 자유를 배웠고, 끝없는 수평선 너머로 희망을 품은 어린 날의 숨결을 느꼈다. "행님아, 오늘도 엄마 아빠가 안 오나? 몇 날만 자면 오는데?" 매일 밤, 어린 마음은 같은 질문을 품고 행님의 얼굴을 바라보았다. 그러나 돌아오는 건 언제나 무거운 침묵과 다독이는 손길뿐. 결국 대답 없는 기다림에 지쳐 작은 숨소리로 잠들곤 했다. 그러다 아침에 눈을 뜨면 초췌한 엄마 아빠의 모습이 꿈처럼 아른거리곤 했다. "행님아, 명숙이 누나야, 나와봐라. 엄마 아빠 오셨다." 기쁨에 찬 외침이 울려 퍼질 때면 내 마음도 새처럼 가벼웠다. 그날, 부모님은 우리를 동네 갈빗집으로 데려갔다. "우리는 묵고 왔다. 애들 주게 2인분만 주이소." 설익은 고기를 집어 들고 입에 넣으며 나는 한껏 신이 나 있었다. 그러다 문득 엄마 아빠와 눈이 마주쳤다. "천천히 많이 묵어라." 엄마의 목소리와 턱없이 부족해 보이는 갈비의 양 그리고 맞지 않는 젓가락들의 움직임. 이내 아무것도 드시지 않고 있던 부모님의 모습이 눈에 들어왔다. "사장님, 물 한 잔 더 주이소." 가만히 앉아 물만 드시던 부모님. 내 앞에 놓인 갈비의 무게는 가난이 깎아낸 엄마의 굶주린 하루와 조용히 삼킨 아빠의 한숨이었다는 것을. 그땐 알지 못했다. 그 시절 무심히 지나쳤던 풍경이 이제야 내 마음을 무겁게 두드리고 눈시울

을 붉게 물들이는 것은 아마도 까맣게 타버린 갈비 한 점
의 맛처럼
가난은 누군가의 가슴속에서 조용히 타오르는 사랑이었다
는 것을.

- 〈가난은 왜 사랑이 되는가〉 전문

〈가난은 왜 사랑이 되는가〉를 통해 가난을 결핍이나 고통으로 규정하지 않고, 오히려 가족 간의 사랑과 희생, 연대를 형성하는 본질적인 존재 경험으로 승화시킨다. 시인은 가난이라는 현실 속에서 나타나는 부모의 희생과 헌신을 감각적으로 형상화한다. 이는 레비나스(Emmanuel Levinas)의 '타자 윤리'와 연결되며 진정한 사랑이란 타자의 고통을 자신의 책임으로 받아들이고 희생하는 행위를 통해 실현된다는 메시지를 담고 있다. 또한, 시에서 묘사되는 '바다'와 '수평선'은 어려움 속에서도 자유와 희망의 가능성을 암시한다는 점에서 발터 베냐민(Walter Benjamin)의 '기억의 변증법적 사유'를 떠올리게 한다. 특히 시의 결론 부분인 "가난은 누군가의 가슴속에서 조용히 타

오르는 사랑이었다"라는 표현은 가난이라는 조건을 부정하거나 회피하지 않고 인간의 운명으로 수용하며 고통을 초월한 사랑의 형태로 전환하고 있다. 더 나아가 시인은 부모의 사랑과 희생을 통해 가난을 윤리적 관점에서 새롭게 재조명한다. 이는 레비나스의 '타자의 얼굴' 개념과 깊은 연관이 있으며 가난은 부모와 자식 간 무조건적인 책임과 희생적 사랑이 실현되는 장(場)이 된다. 결국 시인은 부모의 희생적 사랑을 통해 진정한 존재 의미와 사랑의 본질을 깨닫는 윤리적 실천의 장으로 승화시키고 있다.

> 차디찬 옹골방에 고즈넉이 내려앉은 별빛은
> 느리게만 흘러가는 오늘로 발걸음을 옮긴다
>
> 짙은 새벽의 감촉을
> 절룩이는 우유 한 잔으로 씻어내고
> 아득한 불빛을 향해 달음박질하던 침묵은
>
> (중략)

적막을 깨우는 갈증들이
나의 밤에 내려와 저물다 간다

바람벽 하나 고요하게 머물던 날
내 눈에 맺힌 서러운 눈물
생애 첫 울음이었다

- 〈바람벽 하나 고요하게 머물던 날〉 부분

시인은 〈바람벽 하나 고요하게 머물던 날〉을 통해 가난을 물질적 결핍이나 사회적 소외로 축소하지 않고, 인간 존재의 근본적 자각과 내적 성숙을 유발하는 철학적 계기로 탐구한다. 특히 '바람벽'은 개인이 사회적 구조 속에서 겪는 근원적 소외와 단절의 상징이다. 시인은 이 공간 앞에서 자신의 삶과 현실을 직면하고, 존재의 본질을 깨닫는 순간을 표현한다. '별빛'은 바람벽 너머로 보이는 이상이자 닿을 수 없는 타자의 세계를 상징하며 사회적 결핍과 고립 속에서 개인이 느끼는 동경과 소외감을 드러낸다. 한편, '절룩이는 우유 한 잔'과 '수척해진 빗소리'는 가난이 경제적 현실만이 아니라 인간의 감각과 정서까지 지배하는 총체적 경험임을 형상화한다. 이는 후설(Edmund Husserl)의 현상학적 관점과 맞닿아 있다. 후설에 따르면 인간이 세계를 경험하는 방식 자체가 곧 존재의 형식이며 시인은 가난이라는 현상을 통해 자신의 존재 방식을 철학적으로 탐구하고 있다. 마지막 구절의 '생애 첫 울음'은 하이데거(Martin Heidegger)가 말한 '세계-내-존재(Being-in-the-world)'의 깨달음으로 자신의 삶과 조건을 처음으로 진정하게 인식하는 존재론적 순간을 나타낸다. 이처럼 시인은 가난과 소외를 통해 오히려 자신의 존재 조건을 분명히 직시하고, 내적 성찰을 통해 존재의 의미를 재구성한다. 결국 이 시는 가난이라는 현실을 인간 존재의 본질적 인식과 실존적 성숙을 이루는 철학적 매개로 승화시키며 존재가 자신의 조건과 마주하며 진정한 의미를 찾아가는 과정을 깊이 있게 형상화하고 있다.

파랑(波浪)을 파고드는 서녘이 손끝으로 떨려온다

까슬까슬한 물결이 곰살궂게 몰아친다 굽어드는 물질에 배어드는 숨소리를 지그시 바라보면 단말마의 거친 숨은 물

방울에 헐거워지고 둔탁한 물갈퀴가 흉터처럼 오늘을 뒤집
어쓴 채 허공으로 사라진다 메마른 입술이 피워낸 바람에
동그란 비명들이 선잠을 깨고 비밀스런 혼잣말을 가둔다

뭉근한 입김이 다다를 수 없는 늙은 어미의 한숨 사이
물적삼 에이는 오후로 다비되어 가는 제주

〈숨비소리〉 전문

〈숨비소리〉는 제주 해녀들의 삶과 노동 속에 깊이 새겨진 가난과 생존의 역사를 형상화한 시이다. 시인은 해녀들이 물속에서 힘겹게 내쉬는 숨소리, 즉 '숨비소리'를 가난이 만들어 낸 고통과 희생의 역사가 응축된 상징으로 바라본다. 해녀들은 끊임없이 밀려오는 바다의 '파랑(波浪)'과 맞서며 생계를 유지해야 했으며 이는 자연과 인간 사이의 실존적 투쟁을 의미한다. 시 속에 등장하는 '단말마의 거친 숨'은 해녀들이 목숨을 걸고 물질을 하며 겪는 극한의 고통을 드러내며 이는 곧 가난이라는 현실과 연결된다. 또한 시인은 '둔탁한 물갈퀴'와 '흉터처럼 오늘을 뒤집어쓴' 해녀의 신체를 통해 반복적인 노동이 그들의 몸과

삶에 남긴 흔적을 형상화한다. 해녀의 신체는 가난과 노동의 역사가 새겨진 공동체적이며 역사적인 몸이다. '늙은 어미의 한숨'은 세대를 넘어 이어진 가난과 노동의 고통이 축적된 집단적 기억을 나타내며 '물적삼 에이는 오후로 다비되어 가는 제주'라는 표현은 전통적인 노동 방식이 현대화의 흐름 속에서 점차 사라져가는 역사적 과정을 암시한다. 이 시는 해녀들의 삶과 노동을 통해 가난이라는 사회적, 역사적 현실을 철학적 차원으로 확장하며 하이데거가 제시한 인간의 실존적 조건, 미셸 푸코의 신체에 기록된 역사, 그리고 발터 베냐민의 기억의 역사성 개념을 아우르며 사유한다. 결국 시인은 해녀들의 노동과 희생을 통해 인간 존재와 역사를 철학적으로 재구성하며 그들의 삶이 시대를 초월하여 의미 있는 흔적으로 기억되기를 희망한다.

역사의 변증법, 기억의 현상학과 존재의 현재적 복원

에드문트 후설(Edmund Husserl)의 현상학은 인간이 세계를 경험하는 방식이 곧 존재의 본질을 형성한다고 주장한다. 세계는 주체의 인식과 경험을 통해 구성되는 의미의 장이며 시인은 이러한 현상학적 관점을 시적으로 형상화한다. 그는 사회적 현실을 역사적 기록으로 고정하지 않고, 그것을 살아가는 개개인의 주관적 경험과 기억을 통해 재구성한다. 특히 '봄날의 자국', '낯선 청춘', '프랙탈'과 같은 상징적 시어들은 사회적 현실이 개인의 삶 속에서 어떻게 경험되고 기억되는지를 구체적으로 보여 준다. 시인은 역사가 개인의 경험과 감각을 통해 내면화되며 존재의 의미를 형성하는 과정임을 드러낸다. 이 과정에서 과거와 현재는 서로 중첩되며 기억은 지속적으로 변형되고 재구성된다. 또한 시인은 베르톨트 브레히트(Bertolt Brecht)의 서사극에서 강조한 '거리두기(Verfremdung)' 기법을 활용한다. 그는 현실을 익숙하고 당연한 것으로 받아들이지 않고, 낯설게 보기를 통해 사회적 현실과 역사적 경험을 비판적으로 성찰하도록 유도한다. 결국, 시인은 현상학적 관점을 통해 개인의 경험이 사회적 기억과 역사를 재구성하는 중심적 역할을 한다는 점을 강조하며 시적 언어를 통해 그 의미를 새롭게 형성하고 확장한다.

바츨라프의 나뭇가지들이
사납게 떼울음을 내지르는 밤

손을 맞댄 별 그림자는
아픈 계절을 지밋거리고
거리의 울음소리와 뒤섞여
새벽으로 사라져 간다

먼 어제로부터 쏟아져 내린
보헤미아 여인은
어둠을 부수는 양심의 꽃잎처럼
따가운 웃음으로 바라본다

아픈 계절을 지나
내 안에 깊게 새겨진
봄날의 자국은
오늘을 남긴다

　　- 〈그대의 봄날은 자국을 남긴다; 프라하의 봄〉 전문

한 시절의 꽃처럼 낡아가는 밤

누릇한 꽃잎이 떨어진다 캄캄한 방 안에서 새어 나오는 불빛은 무언가를 기다리다 쓰러지고 별빛 쫓아 찾아간 시절에는 눈부신 이력들만이 갈 곳 잃어 서성인다 앙상한 바람은 짓무른 열매를 게워내고 계절에 얼어붙은 낙오자는 풍경이 되어 무서운 비명을 쏟아낸다 구부정한 외투가 갈 곳을 잃고 다시 잠이 든다

차가운 새벽달이 아침을 집어 든 순간
나는 열매 없는 낯선 청춘이 되어간다
떨어진 꽃잎을 주워 담으며

- 〈청춘의 비망록〉 전문

문학은 역사와 개인, 시대적 경험과 실존적 사유가 교차하는 공간이다. 시인은 〈그대의 봄날은 자국을 남긴다〉와 〈청춘의 비망록〉을 통해 인간 존재가 고통과 소멸을 경험하는 과정과 이를 통해 자기 존재를 재구성하는 방식을 탐구한다. 두 시는 각각 역사적 사건과 개인적 체험을 바

탕으로 하지만, 자유와 억압, 소멸과 기억, 그리고 존재의 성찰이라는 본질적인 철학적 주제를 공유하며 인간 실존의 본질을 깊이 사유한다. 〈그대의 봄날은 자국을 남긴다〉에서 시인은 체코의 역사적 사건, 특히 프라하의 봄(1968)을 배경으로 자유를 향한 투쟁과 그 흔적이 인간의 내면에 깊이 새겨지는 과정을 조명한다. '바츨라프의 나뭇가지들'이라는 상징적 시어를 통해 프라하 시민들의 저항의 역사가 개인의 내면을 구성하는 실존적 경험임을 강조한다. '사납게 떼울음을 내지르는 밤'은 억압적 폭력에 저항하며 목소리를 높이는 민중의 실존적 고통과 분노를 구체적으로 형상화한다. 또한, '보헤미아 여인'은 시대의 어둠 속에서도 양심과 진리를 잃지 않고, 억압에 저항하는 개인의 도덕적 용기를 상징한다. 이는 한나 아렌트(Hannah Arendt)의 '악의 평범성'을 거부하는 존재론적 태도와 맞닿아 있다. 결국, 이 시는 체코의 역사적 사건을 통해 인간이 고통과 억압 속에서도 진정한 존재의 의미와 인간적 가치를 찾기 위한 끊임없는 철학적 실천을 수행하고 있음을 보여 준다.

반면, 〈청춘의 비망록〉에서 시인은 현대 사회에서 청춘이 경험하는 상실과 소멸의 과정을 철학적으로 조망한다. '한 시절의 꽃처럼 낡아가는 밤', '누릇한 꽃잎'의 이미지들은 청춘을 희망과 가능성의 시기가 아니라 필연적인 소진과 소외의 과정으로 형상화한다. 특히, '짓무른 열매를 게워내는 앙상한 바람'은 현대 자본주의 사회에서 청년들이 성과주의적 압박 속에서 꿈과 가능성을 잃고 좌절된 청년들의 실존적 비애와 불안을 드러내며 이는 알베르 카뮈(Albert Camus)의 부조리 철학과 맞닿아 있다. 시인은 청춘이 방향을 잃고 방황하는 과정 속에서도 끊임없이 자기 존재를 성찰하고 의미를 찾아야 하는 실존적 상태임을 강조한다.

이 두 시에서 시인은 인간이 고통과 소멸을 어떻게 경험하고, 그것을 통해 자신의 존재를 새롭게 구성하는지를 탐구한다. 〈그대의 봄날은 자국을 남긴다〉에서는 역사적 억압과 개인의 저항이 인간 실존의 본질을 형성하는 과정으로 나타나며 〈청춘의 비망록〉에서는 현대 사회의 소외와 내면적 좌절 속에서도 인간 존재가 끊임없이 의미를 찾고자 하는 실존적 몸부림을 보여 준다. 시인은 〈그대의 봄날은 자국을 남긴다〉를 통해 역사를 기억하는 존재의 윤리를 강조하며 〈청춘의 비망록〉을 통해 개인이 실존적 소멸 속에서도 끊임없이 자기 존재를 성찰하고 재구성하는 과정을 그려 낸다. 이는 억압과 자유, 소멸과 존재의 의미를 탐구하는 시적 실천을 수행하며 기억을 통해 존재를 지속적으로 창조하는 인간의 가능성을 철학적으로 사유한다.

차오르는 숨결이 내 얼굴을 감싸올 때
토해낼 수 없는 고요가 잠시나마 반짝거린다

견고한 계엄의 하늘로부터 쏟아지는
차갑고 날 선 눈보라는
바람에 새겨 놓은 시간마저 찢어내고

한 조각 붉은 연대의 비명만이
흩뿌리는 광장의 깃발 사이로
별꽃이 되어 작약(炸藥)의 심장에 스며든다

눈조차 뜰 수 없이 휘갈기던 검은 막대와
널브러진 장미 꽃잎의 악몽들은
음계가 되어 노래 아닌 노래를 부른다

온기를 나눈 주먹도, 조금 더 축축해진 꽃도
은은한 밤하늘을 머금은 여우별이 되어
한밤중에도 되려 단단해지는 낮을 깨운다

- 〈오월에 피는 별〉 전문

〈오월에 피는 별〉은 5·18 광주 민주화 항쟁을 소재로 하여 인간의 자유와 존엄이 억압과 폭력의 상황 속에서 어떻게 숭고한 가치로 승화되는지를 철학적으로 성찰한다. 시인은 '견고한 계엄의 하늘', '차갑고 날 선 눈보라'를 통해 폭력적 권력이 인간 실존을 억압하고 왜곡하는 현실을 생생하게 형상화한다. '한 조각 붉은 연대의 비명'은 억압 속에서도 연대와 저항을 통해 인간적 존엄을 지켜 내려는 공동체적 가치를 상징한다. 이는 한나 아렌트(Hannah Arendt)의 공적 행동과 연대의 개념으로 연결되어 인간이 함께 행동하고 변화를 만들어 가는 능동적 주체임을 강조한다. '별꽃이 되어 작약(炸藥)의 심장에 스며든다'는 구절에서 '작약'은 폭력적 현실에 맞서는 민중의 저항 정신을, '별꽃'은 그 저항 속에서 피어난 숭고한 희생과 가치를 상징적으로 드러낸다. 이는 칸트(Immanuel Kant)가 말한 '숭고' 개념과 맞닿아 있으며 이는 인간이 폭력과 죽음의 위협 앞에서도 존엄과 자유를 향한 의지를 포기하지 않는 결연한 태도를 철학적으로 구현한 것이다. 또한 '널브러진 장미 꽃잎의 악몽들'은 국가 폭력에 희생된 자들의 비극적 운명과, 그 희생이 지닌 윤리적 무게감을 동시에 나타내며 발터 베냐민(Walter Benjamin)의 억압된 자들의 기억을 통해 현재를 재구성하는 역사 철학적 관점을 떠올리게 한다. 시인은 '음계가 되어 노래 아닌 노래를 부른다'라는 구절을 통해 언어로 다 표현할 수 없는 역사적 고통과 인간의 숭고한 저항이 내면에서 울려 퍼지는 것을 암시한다. 마지막으로 '한밤중에도 되려 단단해지는 낮을 깨운다'는 표현을 통해 어둠과 폭력 속에서도 자유와 정의를 향한 희망이 결코 꺾이지 않고 새로운 가능성으로 다시 태어남을 강조한다. 결국 이 시는 역사적 상처를 과거로 두지 않고, 그 기억이 지속적으로 우리의 존재를 성찰하게 만드는 중요한 철학적 메시지를 담고 있다. 시인은 5·18 광주 민주화 항쟁이 인간의 존엄과 자유를 끊임없이 되새기고 지켜 나가야 할 역사적 사건임을 분명하게 전달한다.

  닿을 수 없는 거리에서
  통증은 속살 깊이 파고든다
  그곳은 비밀의 방

  맹수처럼 무자비한 바람을 피해
  굳게 닫힌 문을 찾아
  시간의 미궁 속을
  처연히 떠돈다

  긁히고 베인 상처들이
  증오와 탐욕으로 키워낸 플랫폼 위에서
  결코 붙잡히지 않을 이방인의 이름은
  욕망으로 가득 차 있다

어둠 속에서 침묵하지 않는 자들이
부서진 벽 너머로
빛을 던지고 있다

성체를 닮아가는 방
짐승들의 불신이 벽마다 스며들고
그 끝은 이내 또 다른 시작이 되어
너에게로 다가간다

오늘도
울음 끝에 수장(水葬)되며
채워져 가는
프랙탈의 방

- 〈프랙탈의 방〉 전문

〈프랙탈의 방〉은 디지털 공간에서 발생하는 'n번방 사건'과 같은 사이버 범죄의 본질을 철학적·윤리적으로 성찰하고 있다. 시인은 '프랙탈의 방'을 통해 사이버 폭력이 끊임없이 자기 복제되고 확장되는 악순환적 구조를 비판적으로 드러낸다. '비밀의 방'과 '굳게 닫힌 문'은 익명성과 폐쇄성을 특징으로 하는 사이버 공간에서 타인의 고통을 무감각하게 소비하는 폭력적 욕망의 은유이다. 이러한 상황은 미셸 푸코(Michel Foucault)의 권력 이론과 연결되며 보이지 않는 감시와 억압 속에서 피해자의 고통이 방치되는 현실을 의미한다. 또한 '결코 붙잡히지 않을 이방인의 이름'이라는 표현은 익명성 뒤에 숨어 도덕적 책임을 회피하는 가해자의 비인간적 태도를 상징하며 이는 한나 아렌트(Hannah Arendt)의 '악의 평범성'과도 연결된다. 시인이 제시하는 '짐승들의 불신'은 인간 윤리가 상실된 채 폭력과 원초적 욕망만 남아 있는 디지털 공간의 황폐한 현실을 철학적으로 지적한다. 이는 홉스(Thomas Hobbes)의 '만인에 대한 만인의 투쟁'과 유사한 인간 본성의 어두운 면모를 드러낸다. 특히, '울음 끝에 수장(水葬)되는 방'은 피해자의 목소리가 철저히 무시되고 지워지는 사이버 범죄의 잔혹한 현실을 생생하게 보여 준다. 이 시는 레비나스(Emmanuel Levinas)의 '타자에 대한 윤리적 책임'을 상기시키며 인간성이 파괴되는 디지털 시대의 윤리적 위기를 깊이 성찰하고자 하는 시인의 철학적 태도를 드러낸다.

사랑의 존재론적 변주,
타자와의 만남과 실존적 떨림의 미학

시인은 사랑을 인간 존재의 본질과 깊숙이 연결된 현상학적 경험으로 탐구한다. 이는 메를로퐁티(Maurice Merleau-Ponty)가 《지각의 현상학》에서 강조한 바와 같이 인간이 세계를 지각과 신체를 통해 직접적으로 경험하는 존재 방식과 맞닿아 있다. 사랑 역시 신체적 감각과 기억을 통해 세계와 관계를 맺으며 존재를 구성하는 근본적 요소로 작용한다. 사랑은 시간과 공간 속에서 끊임없이 변화하며 기억을 통해 새롭게 변주된다. 시인은 사랑의 순간을 감정적인 경험에만 머물게 하지 않고, 존재를 구성하고 재구성하는 근본적이며 현상학적 요소로 인식한다. 따라서 시인은 사랑을 하나의 실체적 개념이 아니라 인간과 세계의 복합적인 관계 속에서 지속적으로 변화하며 재구성되는 역동적인 존재론적 과정으로 이해한다. 이는 사랑이 개인의 경험을 넘어 인간 존재 자체를 탐구하는 철학적 문제로 확장될 수 있음을 시적으로 사유하는 방식이라 할 수 있다.

어느 날 심장의 상자 속에서
웅크린 고양이를 보았어요
반짝이듯 일렁이는 파동의 함수를

그대의 시선이 닿는 끝자락에서
양자화된 떨림은
견고했던 내 마음의 잔향을 깨뜨리고

플랑크 시간의 스핀을 따라
섬세한 몽상이 변주된 그대의 입자를 응축하죠

불확정한 실재로
끊임없이 해석되는
이름 모를 함수의 고백

끝내 닿을 수 없는
사랑의 아포리아 속에서
소멸되지 않는 그대와 마주칠 때면
슈뢰딩거의 함수는 에포케처럼 부유하죠

나는 그대라는 궤도 사이를
유영하는 중력 없는 행성

우리의 슈뢰딩거 상자는
찰나처럼 사랑이었어요

― 〈슈뢰딩거의 사랑 방정식〉 전문

〈슈뢰딩거의 사랑 방정식〉은 슈뢰딩거의 고양이 실험을 통해 사랑의 본질적 불확정성과 타자성을 철학적으로 재조명한다. 시인은 '심장의 상자 속 웅크린 고양이'라는 표현을 통해 사랑이라는 감정이 명확히 규정될 수 없으며 살아 있음과 죽음의 가능성을 동시에 품고 있는 상태임을 형상화한다. '양자화된 떨림'과 '플랑크 시간의 스핀'과 같은 양자역학적 은유는 사랑이 순간순간 미세하게 변화하며 끊임없이 재구성되는 존재론적 현상임을 강조한다. 특히, '아포리아'라는 표현을 통해 사랑이 완전한 이해와 도달이 불가능한 철학적 난제임을 시사한다. 이는 레비나스(Emmanuel Levinas)의 타자성 개념과 긴밀히 연결된다. 시인은 사랑이란 결국 타자의 존재를 온전히 이해하거나 소유할 수 없으며 그것이 끊임없이 해석되고 새롭게 구성되는 실존적 경험임을 밝힌다. '슈뢰딩거의 함수는 에포케처럼 부유하죠'라는 구절에서 에포케는 후설(Edmund Husserl)의 현상학적 개념으로 판단을 유예하고 열린 상태를 유지하는 존재의 방식으로 사랑을 묘사하고 있다. 결국 이 시는 사랑을 양자역학의 불확정성 원리와 현상학적 관점을 통해 인간 존재가 근본적으로 지닌 한계와 가능성을 탐구하는 철학적이고 존재론적 성찰로 승화시킨다.

기억의 서랍에
또 한 겹의 상처가 기웃거린다

두툼한 눈물로 푸성귀 같은 밤을 거치고도
오지 않는 너에게 휘갈겨 쓰는 편지

밤들도 별빛 한 점 풀지 않고
마음 허물어져 몸부림치던 날
지워낼수록 안개처럼 다가와 피어나는 이름

추억이 사막의 꽃처럼 피어날 때
레온나이트에게 맺힌 회색빛 그리움

너무 가까이 서 있는 너를
지독한 가시로 품어 본다

- 〈레온나이트를 따라 걷다〉 전문

〈레온나이트를 따라 걷다〉는 사랑의 양가성과 기억의 역설적 특성을 철학적으로 탐구한다. 시인은 프로이트(Sigmund Freud)가 《문명 속의 불만》에서 언급한 사랑의 본질적 갈등을 시적으로 형상화한다. 이 본질적 갈등을 '가시'의 이미지로 형상화하며 사랑이 필연적으로 상처와 고통을 동반하는 존재적 경험임을 드러낸다. 특히 '기억의 서랍'이나 '지워낼수록 안개처럼 다가와 피어나는 이름'과 같은 표현은 과거의 사랑이 현재 속에서 끊임없이 재구성되고 지속되는 현상학적 기억임을 의미한다. 이는 메를로퐁티(Maurice Merleau-Ponty)의 지각의 현상학과도 연결되며 사랑이라는 감정이 감각적·현상학적 경험을 통해 세계와 관계를 맺는 방식임을 강조한다. 또한 '너무 가까이 있으나 닿을 수 없는' 타자의 존재는 레비나스(Emmanuel Levinas)의 타자성 개념처럼 사랑이 본질적으로 타자의 완전한 이해와 소유가 불가능한 존재적 한계를 내포하고 있음을 시적으로 표현한다. 결국 시인은 사랑을 행복과 고통, 소유와 상실 사이에서 끝없이 진동하며 인간 존재의 본질적 모순을 드러내는 철학적 현상으로 성찰한다.

새하얀 소금 같은 추억이
바다의 불빛 얼룩들과 함께
번져 들어간다

성긴 흰구름과 저녁 해도
세월 따라 마음 식히며
매만지는 바다의 속삭임

정적으로 피어오른 지평선이
스러지는 모래알처럼
붉게 다비되어 간다

파도를 흔드는 인기척에 놀라
저만치 달아나는
생의 아쉬움

누구도 듣지 않는
바다의 인사를 별빛에 수놓고
외로운 노을 지고 돌아선다

가늘디가는 마음 하나가 저만치서 떨려 온다

- 〈해변을 태운 그 시절〉 전문

〈해변을 태운 그 시절〉은 '해변'이라는 공간을 통해 사랑과 존재의 필연적인 변화와 소멸을 철학적으로 성찰한다. 시인은 '새하얀 소금 같은 추억'을 통해 사랑의 순수성이 결국 녹아 사라지는 존재의 본질적 유한성을 드러낸다. 특히 '붉게 다비되어 간다'라는 표현은 헤겔의 변증법적 사유와 연결된다. 사랑이 정(正)-반(反)-합(合)의 과정을 거치며 끊임없이 변화하고 소멸하며 새로운 형태로 재탄생함을 시적으로 형상화한다. 또한 '파도를 흔드는 인기척에 놀라 저만치 달아나는 생의 아쉬움'이라는 표현은 인간 존재가 사랑의 상실과 변화 앞에서 느끼는 깊은 실존적 아픔을 묘사한다. 그러나 시인은 이러한 유한성과 변화를 삶의 본질적 진리이며 존재를 더 깊고 성숙하게 만드는 근본적인 조건임을 받아들인다. 이는 니체(Friedrich Nietzsche)의 운명애(Amor Fati) 철학과도 연결된다. 결국 시인은 사랑과 존재의 무상함을 통해 인간 삶의 본질적 아름다움과 가치를 탐구하고자 하는 성숙한 철학적 관점을 보여 준다.

흩날리는 별빛 따라 나선
황혼녘 사려니숲길 아래

너와 함께
소리 없이 걸으면

자줏빛 바람의 경계 너머
새하얀 함박눈이
이른 겨울의 차가운 속삭임에 놀라
잠시 뒤돌아본다

흩어지는 바람에
점점 더 붉어져 아롱진 추억만큼
놓쳐버린 발걸음은
멀어져만 가고

그 안에서
갈 곳 잃은 우리
다시금 짙어지는 겨울

그리고 너

― 〈사려니숲길 아래서〉 전문

〈사려니숲길 아래서〉는 '사려니숲길'이라는 구체적 공간을 통해 사랑을 순간적 감정이 아닌 끊임없이 이어지는 존재의 철학적 여정으로 성찰한다. 시인은 '흩날리는 별빛'이라는 표현으로 사랑의 찰나적 아름다움과 그 속에 내재된 덧없음을 동시에 드러내며 인간 존재가 사랑을 통해 경험하는 행복과 불안의 양면성을 암시한다. 특히 '황혼녘 사려니숲길 아래'라는 배경은 삶과 사랑이 교차하는 시점에서 필연적으로 마주하는 실존적 불확실성과 고독의 순간을 나타낸다. 시인은 또한 '소리 없이 걸으면'이라는 표현을 통해 사랑의 본질이 화려하거나 극적인 사건이 아니라 조용하고 내밀한 성찰의 과정임을 드러낸다. 이는 사랑이 세계와 타자를 향한 존재의 내적 움직임이자 관계 맺음임을 시적으로 형상화한다. '자줏빛 바람의 경계 너머'라는 이미지는 사랑이 현실과 이상, 현재와 미래 사이의 경계를 끊임없이 넘나드는 불안정한 상태임을 강조하며 인간이 존재론적으로 마주하는 불확정성을 시적으로 표현한다. 또한 '놓쳐버린 발걸음', '갈 곳 잃은 우리'와 같은 시어들은 목적지를 상실한 채 방황하는 실존적 존재의 상태를 드러내며 이는 사르트르(Jean-Paul Sartre)가 제시한 실존적 불안과 자유의 문제와도 연결된다. 시인은 '다시금 짙어지는 겨울'을 통해 사랑과 삶의 여정이 완결되지 않은 채 계속되는 성찰과 성장의 과정임을 나타낸다. 마지막 구절인 '그리고 너'는 타자와의 관계를 통해 존재의 의미를 끊임없이 재구성하고 발견해 가는 여정을 암시한다. 결국 이 시는 사랑을 타자와 함께 지속적으로 걷고 방황하며 존재의 의미를 탐색하는 깊이 있는 철학적 여정으로 제시한다. 이는 시인이 사랑을 통해 인간 존재의 본질적 깊이와 성숙한 삶의 의미를 지속적으로 성찰하고자 하는 철학적 태도를 분명히 드러낸다. 사랑은 끝없는 관계 맺음 속에서 변주되며 우리는 그 속에서 존재의 의미를 새롭게 찾아가는 철학적 탐구자로서 끊임없이 걷고, 다시 시작하는 존재임을 시인은 시적으로 형상화한다.

**언어의 존재론적 사유,
시적 현상학과 인간의 실존적 의미 탐구**

이 시집의 가장 깊고 아름다운 울림은 시인의 실존적 질문과 그것을 표현하는 언어의 철학적 깊이에 있다. 유년의 흐릿한 기억 속에서 자신의 정체성을 더듬어 찾고, 가난이라는 현실을 통해 사랑과 연대의 진정한 본질을 깨닫는다. 또한 시대적 흐름 속에서 스스로의 역사적 위치를 성찰하며 사랑을 통해 타자와의 관계 안에서 자신의 존재 의미를 끊임없이 되묻는다. 이 과정에서 프로이트의 심리학적 깊이, 헤겔의 변증법의 역동성, 그리고 실존주의 철학의 내면적 고뇌를 종합하며 시인의 사유는 지적이고도 정서적인 깊이를 더해간다. 이처럼 시인의 언어는 철저히 현실에 뿌리를 내리고 있다. 결국, 시인은 언어를 통해 세계를 재구성하고, 존재의 근원적 의미를 끝없이 탐색하며 인간 삶의 유한성과 불완전성을 깊은 이해와 사랑으로 포용하는 성숙한 철학적 시선을 드러낸다. 이 시집이 독자에게 선사하는 가장 큰 선물은 삶과 존재의 의미를 끝없이 질문하고 새롭게 발견하도록 이끄는, 시인의 아름답고 진정한 시적 실천이며 삶의 철학 그 자체이다.